SUR

LA FRANCE

ET SUR LA RESPONSABILITÉ

DU MINISTÈRE.

PARIS,

J. G. DENTU, IMPRIMEUR-LIBRAIRE,

Rue du Pont de Lodi, n° 3, près le Pont-Neuf;

Et Palais Royal, galeries de bois, n°ˢ 265 et 266.

1815.

SUR

LA FRANCE

ET SUR LA RESPONSABILITÉ

DU MINISTÈRE.

Peu de Français connaissent la France ;
et quand les étrangers voudront en juger, ils seront sujets à l'erreur, parce
qu'il leur sera difficile de se défaire de
leurs idées nationales, inapplicables à
notre état présent.

Nous ne ressemblons à aucun peuple ;
fatigués de nos dissentions, notre lassi-
tude est le seul point de contact qui
rapproche nos opinions toujours diver-
gentes. Nos liens sociaux ont été bri-
sés et n'ont pas été remplacés. Dans
les autres pays, il y a des influences

exercées par des hommes puissans. Chez nous, il n'y a plus ni hommes puissans ni influens.

Des troubles civils ont existés partout ; et nulle part, la France exceptée, les partis ne se sont formés d'eux-mêmes et sans chefs, par la fermentation d'intérêts communs. On a fait l'honneur à quelques individus de les croire chefs de parti, on s'est trompé. Mirabeau, le duc d'Orléans, Buonaparte, appelés par des partis déjà formés à un rôle supérieur, n'étaient point les auteurs du parti, ils n'en étaient que les acteurs temporaires. Leur mort ou leur chute l'a prouvé ; le parti a subsisté sans eux. Quels en sont donc les élémens ? quelques fauteurs qui en préparent les fils, puissans tant qu'ils en suivent l'esprit, écrasés s'ils s'en écartent ; beaucoup d'agens subalternes, enchaînés par des crimes ou par des intérêts communs ; beaucoup de gens aveuglés sur leurs intérêts propres, et quelques chefs, étrangers souvent à l'organisation du parti qu'ils semblent gouverner.

Il en résulte que si l'on punit le coupable en évidence, l'on manque son but de toutes les façons ; d'abord , ce n'est pas le coupable essentiel : celui-ci, averti par un acte de sévérité, se renferme dans son obscurité, aigrit les esprits de ses subordonnés, leur peint une vengeance implacable pour tous, et l'exemple de rigueur perdu pour la soumission, n'est pas perdu pour la révolte. Le parti se resserre, au lieu de se dissoudre ; une autre dupe vient s'y montrer comme chef, et la France court ainsi de révolutions en révolutions, sans s'arrêter à aucune.

Telle a été la suite des évènemens, ainsi que la destinée des acteurs divers qui ont figuré dans les diverses catastrophes de la révolution. Quelques-uns s'en repentent ; il serait de leur intérêt actuel de fermer le volcan ; le peuvent-ils ? la chose est douteuse. Les anciens liens sociaux sont rompus ou fort affaiblis, les nouveaux sans force; les anciens propriétaires, dépouillés, ont perdu leur vieille influence; les nouveaux propriétaires ont acquis bien ou mal des richesses, et n'ont pas acquis de considération.

Une multitude de gens sont sortis de leur état, par leurs habitudes, leurs espérances et leur éducation; ils n'y sauraient rentrer, et je ne connais que les enfans depuis le berceau jusqu'aux adultes qui, dépourvus d'idées révolutionnaires, puissent être soustraits à l'esprit de tourmente, dont la génération actuelle éprouvera peut-être l'influence jusqu'au tombeau.

Le clergé n'a plus ses anciennes richesses, son vieux pouvoir; il a perdu la plus grande partie du respect qu'on lui portait.

L'armée se recomposera forcément de ses élémens actuels, dont l'esprit est au moins douteux, et les jeunes officiers qu'on y introduira inspireront peu de confiauce à nos vieux guerriers.

Où donc chercher, où donc trouver un équilibre pour l'ordre social que nous voulons relever ? Dans un emploi sage d'élémens gangrenés, et dans les lumières de quelques hommes qui les connaissent mieux que d'autres : nous n'avons pas de choix ; les hommes éclairés sont rares, et une nation ne se recompose pas à volonté.

Nous avons des étrangers, leur séjour nous pèse et le reproche en tombe sur le Roi, qui n'a pu les empêcher d'y venir : combien de temps resteront-ils, et en quelle force ? trop nombreux, nous nous en lasserons, et notre soumission se changera en haine ; trop faibles, ils ne serviront à rien et aigriront à peu près autant les esprits.

Tant que ces étrangers seront en force, il est certain que nous serons soumis ; s'ils nous quittent, ou s'ils s'étendent sur notre territoire, ils ne seront plus à même de comprimer nos passions , momentanément réduites au silence par la contrainte : nous vivons entre un despotisme que la majorité de la nation ne veut pas souffrir, une liberté dont nous ne savons pas jouir , une armée qui veut subsister et n'en trouverait pas les moyens dans un autre système , des formes constitutionnelles incomplètes , puisque les élections sont désertes et que les pairs réunissent rarement la fortune à la considération ; enfin , malheureux par une révolution , nous devons la haïr et nous ne pouvons la quitter.

Nos idées et nos vues participent des erreurs de tous ; notre sagesse n'est pas et ne peut-être vierge ; vingt-cinq années d'habitudes sont toujours là, et l'homme resté à l'époque qui a précédé notre révolution , celui dont la pureté de principes n'a souffert aucune altération dans ses rapports avec la royauté et la dynastie des Bourbons , n'en a pas moins lu toutes les productions de la revolution, s'il a voulu se tenir au courant des évène-mens, et n'en a pas moins parlé le langage du temps, sans lequel on ne l'eût pas écouté : toutes les idées, qu'on nomme *libérales*, se sont glissées dans son esprit ; et, plus révolutionnaire qu'il ne le pense, il annonce ses vieux préjugés avec le style et les expressions du jour. Le mot *liberté*, chez la majorité des Français, remplaça le mot *honneur;* et tous ses degrés, comme tous ses droits, se bornèrent à enflammer notre ardeur pour les combats et pour la gloire. Quelques individus devinrent ses sectaires; mais, incapables d'en juger et d'en apprécier les limites, ils se jetèrent dans les espaces et crurent que, pour être libres, il fallait tout renverser: ces mêmes hommes, victimes encore des mêmes erreurs, et appliquant à la France entière les fausses idées dont ils se bercèrent, nous assurent que la France, libre depuis vingt - cinq ans, ne peut rétrograder; mais, c'est adopter une chimère de plus, et prouver qu'ayant dépassé les bornes placées par Louis XVI, on pourrait encore franchir celles posées par Louis XVIII.

Sous l'Assemblée constituante, la liberté était renfermée dans Mirabeau; plus tard, elle le fut dans la personne de Danton : Robespierre parut sous les mêmes rapports; à sa mort, la liberté passa dans Barras, et finit enfin par se fixer dans la personne de Buonaparte : voilà la liberté des Français, autrement, le despotisme outré au nom de *la liberté.*

Les Bourbons seuls ont entendu ce que c'était que la liberté, l'égalité et une constitution conservatrice de toutes les institutions indépendantes, et eux seuls ont voulu produire des changemens pour l'avantage général; aussi la France n'a-t-elle connu la vraie liberté, que par ses Rois, qui, la croyant arrivée à un point suffisant de maturité pour jouir de ses droits et de ses bienfaits, l'ont trop tôt appelée à s'imposer les lois et l'espèce de gouvernement qui se coordonnent à son système. Loin de laisser la nation s'instruire par ses erreurs, il eût été préférable, sans doute, que nos rois législateurs n'eussent réalisé leur vœu qu'en opérant lentement des changemens partiels, et, alors, l'expérience aurait successivement muri chaque nouvelle institution. Mais, cessons de prouver la révolution par le vœu des Français, dont le caractère et le moral ont constamment repoussé des bienfaits dont une imprévoyante bonté a voulu trop promptement et trop inopinément les gratifier, et convenons que la révolution n'est que le résultat d'un changement dans nos institutions, changement voulu par nos Rois; la révolution, enfin, n'a été que le complément d'un système dont le but était d'abolir toutes les féodalités, de niveler toutes les conditions,

et de faire rentrer dans les caisses roya-
les, ce que des milliers de propriétaires
percevaient à différens titres.

Les mots ont toujours tout fait en
France ; et des mots, adoptés ailleurs,
nous ont toujours présenté des objets et
surtout un sens différens de ceux qu'ils
renferment chez nos voisins.

Les Anglais ont une constitution, et
les Français ont voulu avoir une constitution ; dès-lors, s'abandonnant à l'élément propre de leur caractère, et ne
pouvant donner des chaînes aux Nations, ils imaginèrent d'en donner à leur
postérité, de s'ériger en sages, et de for-
cer les générations futures à suivre éter-
nellement leurs propres décisions. La liberté ne serait donc l'apanage que d'une
seule époque ; la marche des siècles n'aurait donc pas le droit d'amener des amé-
liorations, et ce sont les débutans dans
la carrière des idées et des institutions
libérales, qui se réserveraient le droit

d'être à jamais considérés comme la sagesse des Nations? Non ! modérons cette
ardeur despotique pour une gloire ex-
clusive, et devenons assez sincères dans
notre attachement à la liberté, pour ne
pas souscrire avec légèreté à des systêmes
exclusifs qui s'écartent à de si grandes
distances de ce que nous avons seule-
ment le droit de faire, de ce qui pourraît contrarier la marche des évènemens
et des siècles, ainsi que de tout ce qui
pourraît enchaîner les droits, les lumières et les volontés de nos neveux.

Le but d'une constitution est de donner à un état le meilleur des gouvernemens possibles, laissant au temps le soin
d'amener les modifications et les changemens que les circonstances, les pro-
grès des lumières et les variations dans
nos limites, aussi bien que la nécessité
d'établir telle ou telle institution à la
place de telle ou telle autre, pourront
présenter comme indispensables à l'har-
monie de chaque époque.

Un roi héréditaire, une chambre des pairs héréditaires, une chambre des communes, et un ministère responsable, donnant pour résultat le plus de liberté individuelle possible, et le moins d'impôts possible ; là se borne la constitution, en y joignant l'énoncé des rapports qui doivent unir les pouvoirs ; mais point d'exclusions, de proscriptions, de limites, ni d'institutions fixes ou éternelles ; et sachant enfin borner nos vues à l'époque à laquelle nous vivons, n'adoptons que des systêmes de génération, exécutables par la génération existante, et sur-tout n'enchaînons pas l'avenir.

Dès l'aurore de la révolution, l'on adopta la responsabilité des ministres, c'est-à-dire qu'il fut déclaré constitutionnellement que les ministres seraient responsables de l'exécution des ordres qu'ils auraient reçus : ce genre de responsabilité fut maintenu sous les divers gouvernemens qui se sont succédé, et vingt cinq années de discussions et de débats n'ont pu éclairer la France sur ce point. Louis XVIII parut, et donna la vraie responsabilité du ministère sans unité ; il reparut et ajouta à ses premiers bienfaits l'unité du ministère. Nous sommes donc au terme de tous nos travaux ; mais une nouvelle et fausse application dans les conséquences, produit encore une différence dans les résultats à obtenir.

Les ministres actuels, qui ne sont responsables que de la pensée, sont tellement habitués à se croire responsables de l'exécution, qu'ils disent, avec une espèce de franchise et de naïveté : si nous sommes responsables, nous devons répondre des agens, et répondant des agens, nous répondons de leurs faits et de leur conduite : donc les agens doivent être tous, sans exception, de notre création. C'est une erreur fâcheuse dans ses conséquences, et une suite de la fatalité qui s'attache constamment à l'étude que nous faisons des principes constitutionnels, et que le Roi pourrait aisément nous éviter, puisqu'à lui tout seul, il a fait ce que des milliers de Français n'ont pu faire pendant vingt-cinq ans.

En abandonnant la nomination des agens aux ministres, ces derniers exercent un immense patronage, enlèvent les prérogatives de l'autorité royale, et deviennent autant de souverains dans l'état, d'autant plus dangereux, que pouvant aisément se placer à la tête de tel ou tel parti, ils s'en rendent chefs ; tous les intérêts se tournent vers eux exclusivement ; tous les hommes se rattachent à eux, et tous lèvent les yeux vers ces dépositaires de l'autorité, comme centre unique des intérêts de tous. Le Roi reste au milieu, sans influence aucune, et n'exerçant personnellement aucun patronage, il devient nul dans l'état.

Les ministres anglais ne sont responsables que de la pensée : il ne sont res-

ponsables que du plan que leur influence , leur talent et leur éloquence a fait
adopter dans les deux chambres , et responsables , par exemple , du projet qui
fit considérer la guerre actuelle comme
utile aux intérêts généraux de la nation
anglaise; ils n'auraient pas été responsables des fautes qui auraient pu être
commises par lord Wellington; ce général est seul comptable envers sa patrie de ses opérations, et s'il avait erré
dans la campagne qui vient d'avoir lieu,
lui seul eût été puni.

Les agens sont donc et doivent être à
la nomination du Roi; lui seul nomme
à tous les emplois; et sortir de ce principe, c'est tomber dans une fausse application de la responsabilité, dont les
conséquences funestes seront également
appréciées par toutes les opinions ; c'est
éterniser les élémens de commotions
futures, et étendre à un nombre immense de Français, les révolutions fré-
quentes que la responsabilité borne aux

ministres. L'explication suivante servira de développement à ce principe.

Le ministère venant à être remplacé, si le même système est suivi par les nouveaux titulaires (ce qu'il sera dans leur intérêt d'exécuter pour se former un parti), la plupart des administrateurs et des employés seront changés, et ce bouleversement créera de toute nécessité dans l'état, un parti de mécontens, dont l'ancien ministère se servira pour remonter au poste d'où il sera descendu; de-là les divisions à l'infini et les élémens de guerres civiles.

Cette erreur, fatale sous le gouvernement actuel, ne présentait pas les mêmes inconvéniens sous l'usurpateur, qui n'avait usé de son pouvoir que pour empêcher toute espèce de patronage ; il nommait jusqu'aux gardiens de bureaux, parce qu'il voulait être seul maître et exercer seul une puissance dont les résultats ont suffisamment prouvé combien il était parvenu à lier l'intérêt de tous à son intérêt, à son ambition et à son existence personnelle.

La nomination aux emplois n'a donc rien de commun avec la responsabilité du ministère, et c'est au contraire poser les bases de dissentions futures, que de confondre deux principes dont la séparation est indispensable au maintien de nos libertés et à la stabilité de nos institutions.

Les publicistes qui les premiers furent si bien inspirés, n'imaginèrent pas la responsabilité et l'unité du ministère, comme un moyen de créer des princes puissans dans l'Etat ; ils n'eurent en vue que de donner au souverain cette infaillibilité qui devait en effet le rendre l'image de la Divinité sur la terre, puisqu'il ne pouvait jamais faire le mal, et que tout son pouvoir devait à l'avenir se borner à faire le bien. Mais le bien ne se borne pas au don de faire grâce de la vie à un criminel condamné par les tribunaux ; c'est une erreur d'autant

2

plus grande, que les grâces faites à des
particuliers ne sont autre chose qu'une
injustice envers l'ordre social. Le bien
au contraire consiste dans la faculté de
récompenser les actions du militaire ou
les veilles d'un administrateur, enfin
d'appeler aux distinctions, aux honneurs,
à l'aisance et à la fortune ceux qui se
distinguent par un mérite réel, et par
des services rendus à l'Etat. Louis XVIII
n'aurait-il donc personne à placer au ni-
veau de ceux qui ont tant gagné en com-
battant pour le despotisme? Les actions
de Menin, d'Honscoot, etc., ne peuvent - elles égaler Saint - Jean d'Acre,
Moscou, Dresde et Waterloo; son rè-
gne ne doit-il avoir pour résultat que
d'abandonner à la misère et à l'oubli
ceux qui le servirent, et ne peut-on
compter au moins sur l'équivalent de
restitutions légitimes, si tout espoir doit
être fermé aux récompenses? Cet état
doit cependant et nécessairement avoir
lieu tant que le ministère n'aura pas

dans sa composition un seul avocat de tous ces faits de bravoure, de dévouement et de désintéressement, dont la publicité nuirait à l'ambition d'un parti que l'erreur seule présente comme dominant.

Ces publicistes, la sagesse des nations, cherchant l'infaillibilité, voulurent envelopper la majesté du trône d'une puissance accessoire qui devait à jamais être offerte en sacrifice aux passions des peuples, et qui, chargée de toutes les iniquités de la puissance, bornerait à ses chutes successives tous les inconvéniens des révolutions; aussi, pour arriver à ce résultat, qui devait pour toujours mettre le souverain à l'écart du tourbillon des effervescences, ils imaginèrent la responsabilité du ministère et son unité, mais ils ne l'imaginèrent que dans des vues utiles à la royauté, et nullement pour l'avantage des individus destinés à composer ce ministère, auquel ils se bornèrent à donner tous les inconvéniens du pouvoir.

La formule de cette disposition dut être primitivement énoncée ainsi qu'il suit :

Toute l'autorité au souverain, sans responsabilité ; toute la responsabilité au peuple, sans autorité. De conséquences en conséquences, ils arrivèrent insensiblement et naturellement à substituer le ministère au peuple, afin de donner encore des limites, plus rétrécies, à toutes commotions futures.

Mais si ce ministère, voué selon les époques, à l'exécration des peuples, pour borner à un extrêmement petit nombre les révolutions possibles, vient à s'emparer des prérogatives de la royauté, et veut à lui seul exercer le patronage réservé au souverain ; il doit nécessairement en résulter la subversion des principes qui déterminèrent son établissement.

Pour énoncer rapidement quelques idées sur les hommes, qui ont successivement figuré dans notre révolution, nous nous bornerons à les distinguer en quatre classes.

Premièrement les royalistes ; ces hommes, fidèles à notre antique maison des Bourbons, pleins du souvenir de ces siècles de bonheur dont la France a joui sous leur gouvernement, et dévoués à ces belles époques d'une longue monarchie, exemptes de taches au moins, si elles ne sont pas exemptes d'erreurs ; ces royalistes dont les opinions furent toujours constantes, et les mêmes que celles adoptées aujourd'hui par ceux qui ont eu besoin de tous nos malheurs pour apprendre qu'une dynastie qui présentait toutes les garanties fermait toutes les portes à l'ambition, et pouvait seule garantir l'indépendance des institutions nationales.

En seconde ligne, les constituans, qui mettant de côté les cahiers de leurs commettans, renversèrent l'antique édifice de notre antique monarchie, et se rendirent criminels, les plus criminels des hommes, envers la patrie, le souverain, la morale et les peuples.

En troisième, les républicains : ceux-ci cherchant dans le cahos, s'agitant dans les ténèbres et marchant sans guide, au milieu des destructions et du carnage, mais moins coupables que leurs prédécesseurs dans la carrière, dont les erreurs révolutionnaires et les torts irréparables leur avaient pour tout héritage légué la désorganisation.

Viennent en dernière ligne les disciples de Buonaparte ; ardens soutiens du despotisme militaire, rêvant le pouvoir universel, aspirant au déisme et faisant rétrograder les lumières et les sciences, en vouant à la mort des générations enlevées à l'étude avant, pour ainsi dire, l'âge de raison.

Cette époque, féconde en grands évènemens, souriait à la nation française, parce qu'elle paraissait jeter le voile de la gloire sur les erreurs précédentes. Mais que sont des victoires qui font perdre à la nation ce qu'elle avait acquis avant l'arrivée d'un chef inquiet et turbulent ; que sont des victoires, hélas ! qui pour tout résultat, attirent la haine et la vengeance des nations, et causent l'envahissement et la ruine de la patrie ! et quel est aujourd'hui le Français qui pourrait s'arrêter sans effroi sur ces pages de l'histoire qui , brillantes d'une gloire passagère, conduisent à celles de son humiliation ?

Réflexions ultérieures.

Supposant néanmoins que tout ce qui concerne le système constitutionnel, la division des pouvoirs et la conservation bien intacte de toutes les attributions respectives, soit bien déterminé, il nous restera bien des choses à désirer et à acquérir ; car avec tous ces noms et toutes ces formes constitutionnelles, nous ne ressemblerons encore qu'en apparence à l'ensemble de cette espèce de gouvernement. Il ne suffit pas d'avoir obtenu la division des pouvoirs et de leur avoir donné des noms, il faut encore que chaque portion de ces pouvoirs arrive à jouir de la considération nécessaire à l'action de chaque genre d'attribution.

Pour établir dans les deux chambres et dans chacune d'elles, une balance nouvelle, aussi essentielle que la première, où trouverons-nous les élémens de ce parti d'indépendans, trop riches pour être achetés, trop éclairés pour être trompés, et qui constamment guidés par un ardent amour de la liberté, mettent toute leur gloire à défendre les vrais intérêts de la patrie? les grandes charges de l'État ne peuvent les tenter, et le ministère lui-même n'offrirait à leurs vertus que la crainte des écueils et des naufrages.

Les indépendans forment en Angleterre une balance constitutionnelle, morale, et avouée dans les deux chambres :

appuis du roi contre les factieux, ils
sont les appuis de la liberté contre les
ministres : dans le cas d'un grand intérêt national, on est sûr de les retrou-
ver pour déterminer la majorité des voix
dans les deux chambres ; et au besoin,
leur influence s'exerce dans les élections
pour en bannir quelques individus dont
la destinée eût été d'aller augmenter le
nombre des égoïstes, dont se composent
également le parti ministériel et le parti
de l'opposition.

En France, nous ne voyons point dans
le présent l'équivalent d'un rouage sem-
blable, et si l'avenir peut un jour nous
en présenter les élémens, comment se
soutiendra-t-il, privé de moyens pécu-
niaires?

Où trouverons-nous, sous le rapport
militaire, cette balance d'une armée de
Fensibles, aux ordres du parlement,
d'une marine et d'une armée de la cou-
ronne? Où trouver enfin tout ce que
nous n'avons pas? car nous ne possé-

dons aucun élément de liberté raison-
nable ; en sorte que nous ne savons ni
obéir à un despote, ni nous gouverner
sans lui ; et l'on peut avancer, sans se
tromper, que, quoique nous voulions
la liberté, quoique nous y soyons por-
tés par notre éducation, et quoique
nous soyons entraînés vers ce but par
des préjugés nouveaux, nous n'en sommes pas moins, en dépit de tout, un
état essentiellement monarchique et militaire presque absolu.

Nous nous trouvons donc dans la nécessité d'abandonner à la sagesse du Souverain, une augmentation de puissance
proportionnelle, puisque nous ne pouvons, au début, donner à tous les
rouages cette stabilité qu'ils ne peuvent ni ne doivent acquérir qu'avec le
temps.

Tant que les ministres ne se sont pas
essayés dans le sanctuaire de la double
représentation, ils ne sont que des
corps sans ame ; émanations de la puis-

sance royale, ils n'ont encore rien de ce qui doit les nationaliser.

Comment ce ministère sera-t-il considéré par les deux chambres? composé d'hommes qui furent infidèles à leurs commettans, et fraction isolée de ces nombreuses factions qui, se succédant à la puissance, repoussèrent constamment les bienfaits des Bourbons et combattirent pour le despotisme au nom de la liberté, il se trouvera nécessairement en opposition avec cette partie saine de la nation, qui demandera compte d'une gestion dont elle est obligée de payer les erreurs.

Est-ce aux constituans de 1789 que la nation s'adressera pour le maintien de ses institutions? est-ce aux républicains, qui ne surent rien créer ni conserver? demandera-t-elle, enfin, son indépendance et des garanties pour l'avenir aux partisans de ce système militaire, qui, foulant aux pieds jusqu'au nom même de *la liberté*, courbèrent la

France sous le poids des chaînes du plus atroce des tyrans ? Non, la France ne demandera rien à ces hommes qui, changeant toujours de parti pour rester oppresseurs , et faisant de l'intérêt et du pouvoir leur seule idole, sacrifièrent tout à leur ambition personnelle.

La France régénérée dans sa représentation nationale, prouvera que gémissant sous des erreurs successives, elle a traversée toutes les horreurs, sans oublier les principes énoncés à l'époque à laquelle Louis XVI voulut l'appeler à jouir des bienfaits d'un gouvernement plus libéral : elle prouvera qu'elle n'a rien perdu de ses principes, ni de sa morale ; et que malheureuse par l'exagération de tous ceux qui, sous diveres dénominations se constituent ses souverains, elle est restée fidèle à ses Rois, fidèle à sa religion et fidèle à toutes les institutions sur lesquelles est fondé le pacte social qui unit les citoyens d'un état et réunit les états dans un vaste système

politique ; et pour parvenir à un résultat conforme à ses volontés de toutes
les époques, repoussant les essais et les
chimères, elle éloignera les novateurs
pour ne confier ses destinées qu'à des
hommes purs, justes et éprouvés par
l'adversité.

RÉSUMÉ.

Nous devons aux Bourbons les pre-
mières idées d'un système libéral dont
l'accomplissement se trouve dans la
Charte constitutionnelle de Louis XVIII.

Depuis Louis XII jusqu'à Louis XIV,
les Monarques ont successivement cher-
ché à diminuer les privilèges de la no-
blesse ; Louis XVI détruisit les servi-
tudes et les mains-mortes, convoqua les
états-généraux, et commença la révolution terminée par Louis XVIII, auquel nous devons le complément des
institutions qui fixent irrévocablement
notre indépendance.

Le système représentatif, basé sur la

division des pouvoirs et sur la responsabilité ainsi que sur l'unité du ministère, présente tous les avantages de ce genre de gouvernement, dont quelques abus pourraient conduire au despotisme ministériel et à d'autres inconvéniens.

Le Roi nomme les ministres qui ne sont responsables que de la pensée, des plans et des projets adoptés.

Le Roi, chargé de l'exécution comme pouvoir exécutif, choisit et nomme les agens qui sont justiciables des tribunaux.

Les ministres ne sont responsables ni des agens, ni de leurs actions. Qu'un officier se rende criminel envers le souverain et la patrie, le ministre de la guerre ne sera pas fusillé, et qu'un receveur général enlève la caisse du gouvernement, le ministre des finances ne sera pas condamné au remboursement, etc, etc.

L'autorité dans le ministère le ren-

drait inamovible, et le but de la responsabilité serait manqué; donc le ministère
doit être dépourvu d'autorité exécutive.

La France tourmentée par l'esprit de
parti, suite obligée de nos révolutions,
ne peut, ni ne doit être de suite aban-
donnée à l'action seule et unique des institutions libres et indépendantes dont
elle est redevable à son Monarque, qui,
chargé d'en surveiller la marche, ainsi
que d'en assurer la durée, doit nécessairement jouir d'une augmentation de
puissance proportionnée au nombre et
à l'importance des élémens qui nous
manquent, et dont l'existence est indispensable au maintien d'une balance juste
et sûre entre les pouvoirs constitutionnels.

En un mot, indifférens au fonds sur
le genre de gouvernement qu'adopterait
le Roi, intimement convaincus que la
France serait bien gouvernée par un
tel Monarque, nous n'avons aussi dis-
cuté dans cet écrit ni le plus ou moins

de périls que courait le trône dans le système représentatif, ni le plus ou moins de stabilité qu'aurait offert à la dynastie régnante l'adoption d'un tout autre parti. Sujets essentiellement dévoués, dès que le Roi nous a eu tracé la ligne constitutionnelle, nous avons entièrement écrit et pensé dans ce sens; mais un écrivain sage, un citoyen fidèle, ne doit-il pas en conscience éclairer son gouvernement sur les dangers de telle ou telle direction, comme ce serait le devoir d'un bon matelot de signaler les écueils qui pourraient menacer le vaisseau à l'insu du pilote? Ainsi, nous ne prétendons pas écarter le Monarque de la ligne constitutionnelle; mais le Roi engagé dans cette route, nous pensons qu'il y sera conduit par des sujets attachés à sa famille et à sa personne, par des royalistes en un mot, plus sûrement que par des constitutionnels. En effet, semblables à nous, les royalistes, ne connaissent en fait de gouvernement, d'autre forme que celle voulue par le Roi ; ils suivent aveuglément l'impulsion donnée par le Monarque. Les constitutionnels, au contraire, ont des idées qui leur sont propres et dont ils sont enthousiastes, et même fanatiques. Que l'Etat se trouve dans une crise périlleuse, que les fonctionnaires publics soient par conséquent dans une situation embarrassante, qu'arrivera-t-il ? Ce qui est arrivé... ; ce qui causera en France d'éternels bouleversemens. Les constitutionnels sacrifièrent tout, excepté leur système ; les royalistes sacrifieront et leurs idées et leurs intérêts, tout, excepté le Roi.

Paris, 15 août 1815.

FIN.